Richtsatz-Sammlung

für das

Kalenderjahr 2007

Pauschbeträge für unentgeltliche Wertabgaben

Herausgegeben vom Bundesministerium der Finanzen
für die Finanzbehörden der Länder
(§ 37 BpO 2000)

Inhaltsverzeichnis

	Seite
Vorbemerkungen	3 - 9
Anlage zu den Vorbemerkungen	10 - 13
Synonyme der Gewerbeklassen	14 - 18
Umrechnungstabellen der Rohgewinnsätze in Rohgewinnaufschlagsätze und der Rohgewinnaufschlagsätze in Rohgewinnsätze	19 - 20
Richtsätze für die einzelnen Gewerbeklassen in alphabetischer Reihenfolge	21 - 34
Pauschbeträge für unentgeltliche Wertabgaben	35 - 36

Vorbemerkungen

A) Allgemeines

1. Die Richtsätze sind ein Hilfsmittel (Anhaltspunkt) für die Finanzverwaltung, Umsätze und Gewinne der Gewerbetreibenden zu verproben und ggf. bei Fehlen anderer geeigneter Unterlagen zu schätzen (§ 162 AO). Bei formell ordnungsmäßig ermittelten Buchführungsergebnissen darf eine Gewinn- oder Umsatzschätzung nach ständiger Rechtsprechung in der Regel nicht allein darauf gestützt werden, dass die erklärten Gewinne oder Umsätze von den Zahlen der Richtsatz-Sammlung abweichen.
Werden für einen Gewerbebetrieb, für den Buchführungspflicht besteht, keine Bücher geführt, oder ist die Buchführung nicht ordnungsmäßig (R 5.2 Abs. 2 EStR), so ist der Gewinn nach § 5 EStG unter Berücksichtigung der Verhältnisse des Einzelfalles, unter Umständen unter Anwendung von Richtsätzen, zu schätzen (R 4.1 Abs. 2 EStR). Ein Anspruch darauf, nach Richtsätzen besteuert zu werden, besteht nicht.

2. Die Richtsätze sind für die einzelnen Gewerbeklassen auf der Grundlage von Betriebsergebnissen zahlreicher geprüfter Unternehmen ermittelt worden. Sie gelten nicht für Großbetriebe.

3. Die Richtsätze stellen auf die Verhältnisse eines Normalbetriebs ab. Der Normalbetrieb ist ein Einzelunternehmen mit Gewinnermittlung durch Bestandsvergleich. Die Richtsätze können bei Betrieben von Einzelunternehmen, Personengesellschaften und Körperschaften ermittelt und angewendet werden. Bei dem Vergleich mit dem Normalbetrieb sind die Besonderheiten des Körperschaftsteuerrechts zu beachten.

4. Wird der Gewinn im Anschluss an eine Gewinnermittlung nach § 4 Abs. 3 EStG nach Richtsätzen geschätzt oder nach einer Richtsatzschätzung im nächsten Jahr nach § 4 Abs. 3 EStG ermittelt, sind wegen des Wechsels der Gewinnermittlungsart Berichtigungen des Gewinns gemäß R 4.6 Abs. 1 EStR vorzunehmen.

B) Aufbau der Richtsätze

5. Richtsätze werden in v.H.-Sätzen des wirtschaftlichen Umsatzes für den **Rohgewinn** (Rohgewinn I bei Handelsbetrieben, Rohgewinn II bei Handwerks- und gemischten Betrieben (Handwerk mit Handel), für den **Halbreingewinn** und den **Reingewinn** ermittelt (Spalten 4 bis 7 der tabellarischen Übersicht der Richtsätze für die einzelnen Gewerbeklassen). Bei Handelsbetrieben wird daneben der Rohgewinnaufschlagsatz angegeben (Spalte 3 der Richtsätze für die einzelnen Gewerbeklassen). Für Handwerks- und gemischte Betriebe ist nachrichtlich auch ein durchschnittlicher Rohgewinn I in Spalte 4 der Richtsatzsammlung verzeichnet, der als Anhalt für den Waren- und Materialeinsatz dienen soll.

Zu den Handelsbetrieben im Sinne der Richtsätze rechnen auch die Betriebe nachstehender Gewerbeklassen:
Bäcker, Konditor
Gast- und Speisewirtschaften, Imbissbetriebe
Fleischer, Metzger, Schlachter
Kosmetiksalons

Optiker

6. Die Richtsätze bestehen aus einem oberen und einem unteren **Rahmensatz** sowie einem **Mittelsatz**. Die Rahmensätze tragen den unterschiedlichen Verhältnissen Rechnung. Der Mittelsatz ist das gewogene Mittel aus den Einzelergebnissen der geprüften Betriebe einer Gewerbeklasse.

7. Der **Aufbau der Richtsätze** ist in dem nachstehend als Anlage abgedruckten Schema dargestellt.

8. Der Normalbetrieb weist folgende Merkmale auf:

    8.1 **Wirtschaftlicher Umsatz**

    8.1.1 Wirtschaftlicher Umsatz im Sinne der Richtsätze ist die Jahresleistung des Betriebes zu Verkaufspreisen - **ohne** Umsatzsteuer - **abzüglich** der Preisnachlässe und der Forderungsverluste.

    Zum wirtschaftlichen Umsatz zählen auch:

    - Einnahmen aus sonstigen branchenüblichen Leistungen (z.B. aus Materialabfällen, aus Automatenaufstellung in Gast- und Speisewirtschaften, Werbezuschüsse),
    - Bedienungsgelder sowie
    - Verbrauchsteuern (z.B. Biersteuer, Tabaksteuer, Getränkesteuer, Schaumweinsteuer), die entgeltmäßig miterhoben werden.

    Zum wirtschaftlichen Umsatz zählen nicht:

    - Erträge aus gewillkürtem Betriebsvermögen,
    - Einnahmen aus Hilfsgeschäften,
    - Einnahmen aus in Vorjahren ausgebuchten Kundenforderungen,
    - Einnahmen aus nicht branchenüblichen Leistungen (z.B. aus ehrenamtlicher oder gutachtlicher Tätigkeit, aus Lotto- und Totoannahme),
    - unentgeltliche Wertabgaben,
    - Lieferungen und sonstige Leistungen i.S. des § 3 Abs. 1b UStG
    - Leistungen an das Personal,
    - Leistungen für eigenbetriebliche Zwecke.

    8.1.2 Bei der Ermittlung des wirtschaftlichen Umsatzes werden **Kundenforderungen** und **Anzahlungen** von Kunden mit Nettowerten, d.h. ohne Umsatzsteuer verrechnet.

    8.1.3 Bei Handelsbetrieben entspricht der wirtschaftliche Umsatz dem Sollumsatz. Bei Handwerksbetrieben werden **fertige und teilfertige Erzeugnisse** aus eigener Herstellung sowie angefangene Arbeiten bei der Ermittlung des wirtschaftlichen Umsatzes zu Verkaufspreisen verrechnet, weil dem wirtschaftlichen Materialeinsatz und dem Einsatz an Fertigungslöhnen der entsprechende wirtschaftliche Umsatz gegenübergestellt wird. Die Verkaufspreise werden soweit wie möglich den Ausgangsrechnungen entnommen. Besteht diese Möglichkeit nicht, so werden die Verkaufspreise für die Bestände an fertigen und teilfertigen Erzeugnissen aus der eigenen Herstellung sowie an angefangenen Arbeiten in der Regel wie folgt ermittelt:

    Herstellungskosten nach § 6 EStG

    + anteiliger Unternehmerlohn, wenn der Unternehmer an der Fertigung mitgearbeitet hat (der Zuschlag ist nach dem Ausmaß der Mitarbeit des Unternehmers zu bemessen)

\+ Zuschlag für die in den Herstellungskosten nicht erfassten sonstigen Kosten (z.B. allgemeine Verwaltungskosten und Vertriebskosten), für Risiko und Gewinn (dieser Zuschlag ist ggf. zu schätzen, dabei ist der Fertigungsgrad zu berücksichtigen)

= Verkaufspreis bzw. anteilige Verkaufspreise (ohne Umsatzsteuer)

Bestände an fertigen, noch nicht abgerechneten Arbeiten werden ebenfalls mit Verkaufspreisen (ohne Umsatzsteuer) angesetzt.

8.2. Waren-/Materialeinsatz

8.2.1 Der Waren-/Materialeinsatz im Sinne der Richtsätze wird mit den steuerlichen Anschaffungskosten - ohne abziehbare Vorsteuer - unter Abzug der unentgeltlichen Wertabgaben (ggf. mit den festgesetzten Pauschbeträgen), der Lieferungen i. S. des § 3 Abs. 1b UStG, der unentgeltlichen Waren- und Materialabgaben an das Personal und des Waren-/Materialverbrauches für eigenbetriebliche Zwecke angesetzt.

Zum Waren-/Materialeinsatz zählen auch:

- Nebenkosten bis zur Einlagerung (z.B. Frachten, Porti, Transportversicherungen, Warenumschließung, Umschlagskosten, Zölle, Verbrauchsteuern),
- Werklieferungen und Werkleistungen fremder Unternehmen.

Zum Waren-/Materialeinsatz zählen nicht:

- Betriebsstoffe (z.B. Energie- und Brennstoffe),
- Gebühren (z.B. Schlacht- und Fleischbeschaugebühren),
- Getränkesteuer.

8.2.2 Die Waren- und Materialanfangs- und -endbestände werden mit den steuerlichen Anschaffungskosten - ggf. vermindert um branchenübliche Teilwertabschläge - angesetzt. Außerordentliche Teilwertabschreibungen werden nicht berücksichtigt.

8.2.3 Bei der Ermittlung des Waren-/Materialeinsatzes werden Lieferantenschulden und Anzahlungen an Lieferanten mit Nettowerten, d.h. ohne abziehbare Vorsteuer angesetzt.

8.3 Löhne und Gehälter

8.3.1 Zu den Löhnen und Gehältern gehören die Bruttobezüge (einschließlich aller Sachbezüge, wie freie Station, freie Wohnung und Deputate, Urlaubsgeld, Feiertagsvergütungen usw.). Nicht dazu zählt der Anteil des Arbeitgebers an der Sozialversicherung des Arbeitnehmers; er stellt allgemeine sachliche Betriebsaufwendungen dar.

8.3.2 Fertigungslöhne sind Löhne, die in Handwerksbetrieben oder in gemischten Betrieben auf den Fertigungsbereich entfallen. Sie werden bei der Ermittlung des Rohgewinns II vom wirtschaftlichen Umsatz abgezogen.

8.3.3 Unter Löhne und Gehälter für Verwaltung und Vertrieb fallen alle Bruttolöhne und Gehälter, die nicht zum Fertigungsbereich gehören.

8.3.4 Mitarbeit des Betriebsinhabers: Es wird davon ausgegangen, dass im Normalbetrieb ein Betriebsinhaber ohne Entlohnung mitarbeitet. Arbeitet der Betriebsinhaber aus irgendwelchen Gründen (wie Krankheit, hohes Alter) nicht oder nicht dauernd mit, so entsteht dem Betrieb gegenüber dem Normalbetrieb ein überhöhter Lohnaufwand, der vom Gesamtbetrag der Lohnaufwendungen gekürzt wird. Eine Kürzung der Lohnaufwendungen ist auch dann vorzunehmen, wenn und soweit an Stelle eines Betriebsinhabers ein Geschäftsführer entgeltlich tätig ist. Arbeiten andererseits bei einer Gesellschaft mehr als ein Gesellschafter unentgeltlich mit, wird für den zweiten (ggf. für jeden weiteren) unentgeltlich Mitarbeitenden ein angemessener Arbeitslohn als erspart dem Gesamtbetrag der Löhne zugerechnet.

8.3.5 Mitarbeit des Ehegatten: Es wird unterstellt, dass die Mitarbeit des Ehegatten des Betriebsinhabers oder der Ehegatten der Gesellschafter angemessen entlohnt wird. Arbeitet der Ehegatte ohne oder für eine unangemessen niedrige Entlohnung mit, wird eine Zurechnung des ersparten Lohns vorgenommen.

8.3.6 Mitarbeit übriger Personen: Alle übrigen Personen arbeiten im Normalbetrieb im betriebserforderlichen Umfang und für angemessene Entlohnung mit. Die Lehrlingsvergütung entspricht der Arbeitsleistung.

8.3.7 Die Lohnaufwendungen für eigenbetriebliche Zwecke (z.B. für zu aktivierende Eigenleistungen oder innerbetriebliche Reparaturen) sind abzuziehen.

8.3.8 Löhne und Gehälter, die mit unentgeltlichen Wertabgaben und mit nicht zum wirtschaftlichen Umsatz gehörenden Leistungen zusammenhängen, sind auszuscheiden.

8.4 Betriebsaufwendungen

8.4.1 Außergewöhnliche Aufwendungen (z.B. ein mehrjähriger Erhaltungsaufwand, Kosten der Betriebsverlegung, Nachzahlungen für Betriebssteuern) sind beim Normalbetrieb nicht abzuziehen.

8.4.2 Das gleiche gilt für Aufwendungen, die das gewillkürte Betriebsvermögen betreffen, und für private und sonstige Aufwendungen, die mit nicht zum wirtschaftlichen Umsatz gehörenden Leistungen zusammenhängen.

Werden jedoch nicht zum notwendigen Betriebsvermögen gehörende Wirtschaftsgüter auch eigenbetrieblich genutzt, so sind die mit dieser Nutzung zusammenhängenden Aufwendungen abziehbar, soweit dies steuerlich zulässig ist.

8.4.3 Beim Anlagevermögen gehören Absetzungen wegen außergewöhnlicher technischer oder wirtschaftlicher Abnutzung (§ 7 Abs. 1 letzter Satz EStG) und Sonderabschreibungen (außer für geringwertige Anlagegüter nach § 6 Abs. 2 EStG) nicht zum Aufwand.

8.4.4 Bei der Richtsatzermittlung wird davon ausgegangen, dass der Betrieb nur mit eigenem Kapital oder/und kurzfristigem Fremdkapital arbeitet. Zinsaufwendungen für langfristige Verbindlichkeiten - mit Ausnahme von Zinsen für Schulden, die im wirtschaftlichen Zusammenhang mit eigengewerblich genutzten Grundstücken stehen - werden bei der Ermittlung der Richtsätze nicht abgezogen. Dementsprechend werden insoweit bei der Berechnung des GewSt-Aufwandes keine Dauerschuldzinsen dem Halbreingewinn zugerechnet.

8.4.5 Wird der Vorsteuerabzug für die allgemeinen sachlichen Betriebsaufwendungen nach Durchschnittsätzen ermittelt, so wird die Summe der allgemeinen sachlichen Betriebsaufwendungen um die nach Durchschnittssätzen ermittelte Vorsteuer gekürzt.

8.4.6 Aufwendungen für Personensteuern, Aufsichtsratvergütungen und Spenden werden nicht bei den Betriebsaufwendungen erfasst.

8.4.7 Löhne für eigenbetriebliche Zwecke, die entsprechend der Bemerkung in Nr. 8.3.7 nicht in den Lohnaufwendungen zu erfassen sind, werden - soweit sie keine Herstellungskosten darstellen - je nach ihrer Verursachung in den allgemeinen oder den besonderen sachlichen Betriebsaufwendungen erfasst.

8.4.8 Die Arbeitgeberanteile zur Sozialversicherung werden entsprechend den bei den Löhnen vorgenommenen Normalisierungen erhöht oder gekürzt.

8.4.9 Im Falle der Gewinnermittlung nach § 4 Abs. 3 EStG werden den allgemeinen sachlichen Betriebsausgaben im steuerlichen Sinn die mit diesen Aufwandspositionen zusammenhängenden Verbindlichkeiten zum Ende des Wirtschaftsjahres zugerechnet und zum Anfang des Wirtschaftsjahres abgerechnet.

8.5 **Verdeckte Gewinnausschüttungen**

VGA sind nicht mit dem körperschaftsteuerlichen, sondern mit dem für ein Einzelunternehmen maßgeblichen Wert für vergleichbare Sachverhalte (Privatentnahmen) anzusetzen. Um diesen Wert sind dann die durch die VGA entstandenen Aufwendungen zu kürzen, ggf. anteilig der Waren- /Materialeinsatz (Nr. 8.2), die Löhne und Gehälter (Nr. 8.3) oder die Betriebsaufwendungen (Nr. 8.4).

C) Anwendung der Richtsätze

9. **Verprobung**

Bei der Verprobung nach Richtsätzen sind die in den Steuererklärungen ausgewiesenen Umsätze und Gewinne dem Aufbau der Richtsätze (vgl. Nr. 8) entsprechend zu normalisieren, d.h. vergleichbar zu machen.

10. **Schätzung**

10.1 **Schätzungsverfahren**

Die Ausgangswerte für die Schätzung der Besteuerungsgrundlagen sind

- beim Handelsbetrieb der normalisierte Wareneinsatz,
- beim Handwerks- und gemischten Betrieb der normalisierte Waren-, Material- und Fertigungslohneinsatz und
- beim Dienstleistungsbetrieb (z.B. Fuhrgewerbe) die Summe aller normalisierten Betriebsausgaben.

Die Schätzung führt zum wirtschaftlichen Umsatz bzw. Halbrein- oder Reingewinn, der den Verhältnissen eines Normalbetriebs entspricht. Diese Ergebnisse sind insoweit zu erhöhen oder zu vermindern, als die Verhältnisse im Schätzungsfall von denen des Normalbetriebs abweichen (entnormalisieren).

10.2 **Schätzungsrahmen**

10.2.1 Bei der Schätzung nach Richtsätzen führt die Anwendung der Mittelsätze im allgemeinen zu dem Ergebnis, das mit der größten Wahrscheinlichkeit den tatsächlichen Verhältnissen am nächsten kommt. Ein Abweichen vom Mittelsatz kann jedoch durch besondere betriebliche oder persönliche Verhältnisse begründet sein, die nicht durch Entnormalisierungen erfassbar oder ansonsten betragsmäßig feststellbar sind.

10.2.2 Bei einzelnen Gewerbeklassen ist in Spalte 1 der Richtsätze ein Rahmen für den wirtschaftlichen Umsatz angegeben (z.B. bis 250.000 €, über 250.000 € bis 500.000 €, über 500.000 €). Liegt der wirtschaftliche Umsatz im unteren Bereich der jeweiligen Begrenzung, gelten die Richtsätze aus der oberen Rahmenhälfte, im oberen Bereich die aus der unteren Rahmenhälfte.

10.2.3 Soweit die Richtsätze für Handwerksbetriebe und gemischte Betriebe festgesetzt werden, sind bei unterdurchschnittlichem Waren- und Materialeinsatz Sätze der oberen Rahmenhälfte anzusetzen. Der durchschnittliche Waren- und Materialeinsatz ergibt sich aus dem nachrichtlich angegebenen Rohgewinn I.

10.2.4 Der Gewinn ist möglichst nach dem Halbreingewinnsatz zu schätzen, denn die vom Halbreingewinn abzusetzenden besonderen sachlichen und personellen Betriebsaufwendungen können im allgemeinen festgestellt werden.

10.3 Schätzung bei Betrieben von Körperschaften

Der Gewinn ist zunächst nach den vorgenannten Grundsätzen zu schätzen. Dieser für ein Einzelunternehmen geschätzte Gewinn ist zu korrigieren, soweit er von dem nach § 8 KStG zu ermittelnden Einkommen abweicht. Hierbei ist zu beachten, dass beispielsweise VGA, Personensteuern und Spenden dem nach Richtsätzen geschätzten Gewinn nicht mehr zugerechnet werden dürfen. VGA sind allerdings dann hinzuzurechnen, wenn und soweit ihr körperschaftsteuerlich anzusetzender Wert den in den Richtsätzen bereits berücksichtigten Wert (vgl. Nr. 8.5) übersteigt. Soweit der Freibetrag nach § 11 Abs.1 GewStG Betrieben von Körperschaften nicht zusteht, ist der nach Richtsätzen geschätzte Gewinn um die auf den Freibetrag entfallende Gewerbesteuer zu kürzen.

Beispiel:
Reingewinn nach Richtsätzen
./. Geschäftsführergesamtbezüge
./. Arbeitgeberanteil Geschäftsführergehalt
./. abzugsfähige Spenden (§ 9 Abs. 1 Nr. 2 KStG)
./. Gewerbesteuer aus Freibetrag nach § 11 Abs. 1 GewStG

= zu versteuerndes Einkommen

11. Beispiele für die Normalisierungen

Tatsächliche Verhältnisse	Korrekturen		
	der Merkmale	bei der Verprobung zur Ermittlung vergleichbarer Merkmale (Normalisierung)	bei der Schätzung zur Ermittlung der zutreffenden betriebsindividuellen Merkmale (Entnormalisierung)
Bestandserhöhung bei angefangenen Arbeiten (Herstellungskosten 20.000 € Verkaufspreis 30.000 €)	wirtsch. Umsatz	Erhöhung um 30.000 €	Kürzung um 30.000 €
	Reingewinn	Erhöhung um 10.000 €	Kürzung um 10.000 €
Unentgeltliche Wertabgaben (Sachentnahmen) 6.000 €	wirtsch. Umsatz	Kürzung um 6.000 €	Erhöhung um 6.000 €
	Wareneinsatz	Kürzung um 6.000 €	--------
	Reingewinn	ohne Änderung	ohne Änderung, Schätzung aus dem wirtschaftlichen Umsatz vor der Erhöhung um die unentgeltlichen Wertabgaben
Der Inhaber eines Handelsbetriebs war 6 Monate krank Aufwand für Ersatzkraft 15.000 €	Reingewinn	Erhöhung um 15.000 €	Kürzung um 15.000 €
Außerordentlicher Aufwand für Gewerbesteuernachzahlung 7.000 €	Reingewinn	Erhöhung um 7.000 €	Kürzung um 7.000 €
Überhöhte Miete an Gesellschafter einer GmbH 5.000 €	Reingewinn	Erhöhung um 5.000 €	--------
Einnahmen aus Hilfsgeschäften in Höhe von 2.000 €	wirtsch. Umsatz	Kürzung um 2.000 €	Erhöhung um 2.000 €
	Reingewinn	Kürzung um 2.000 €	Erhöhung um 2.000 €

Anlage zu den
Vorbemerkungen

Aufbau der Richtsätze

Zeile								
1-7	entfällt aus technischen Gründen *)							

Zusammenstellung der Beschäftigten, der Löhne und Gehälter

(Nr. 8.3, 8.4.3 der Vorbemerkungen) Zahl der im Betrieb Beschäftigten und deren Bruttolöhne einschließlich aller Sachbezüge (z.B. freie Station, freie Wohnung, Deputate), Urlaubsgeld, Feiertagsvergütungen usw. ohne Arbeitgeberanteil zu den Sozialversicherungsbeiträgen, Personen, die nicht während des ganzen Wirtschaftsjahres beschäftigt waren, sind mit dem entsprechenden Bruchteil, z.B. 6/12, anzusetzen.

	Beschäftigte			Nr. der Vorbemer-kungen	Ge-samt-zahl	in der Fertigung (Nr. 8.3.2 Vorbemerk.)		in Verwaltung und Vertrieb (Nr. 8.3.3 Vorbemerk.)	
						Zahl	Lohn €	Zahl	Lohn, Gehalt €
					1	2	3	4	5
8			Unternehmer	8.3.4			--------		--------
9	nicht entlohnt		Ehegatte(n)	8.3.5	+	+	--------	+	--------
10			andere Personen	8.3.6	+	+	--------	+	--------
11			Ehegatte(n)	8.3.5	+	+		+	
12	Entlohnt		andere Angehörige	8.3.6	+	+	+	+	+
13			Arbeitnehmer	8.3.6	+	+	+	+	+
14	Zurechnung für ersparte Löhne **)			8.3.4 8.3.5	-----	-----	+	-----	+
15	**Summe**				=	=	=	=	=
16	Kürzung für überhöhte Löhne **)			8.3.4			./.		./.
17	Löhne für eigenbetriebliche Zwecke **)			8.3.7			./.		./.
18	für Richtsatzzwecke anzusetzender Lohneinsatz						=		=

19	entfällt aus technischen Gründen *)
20	

---

*) Diese Angaben haben keine Bedeutung für den Aufbau der Richtsätze
**) Zeilen 14, 16 und 17 bitte erläutern

Zeile	Wirtschaftlicher Umsatz (alle Beträge ohne USt) Zeilen 21 - 29 nur bei Gewinnermittlung nach § 4 (3) EStG auszufüllen !	Nr. d. Vorbe- merk.	€ (volle Beträge)	€ (volle Beträge)
21	Betriebseinnahmen ohne Zurechnung der Preisnachlässe (Skonti, Rabatte u.ä.)			
22	Tauschgeschäfte und tauschähnliche Umsätze			+
23	Forderungen sowie Bestand an Schecks und Forderungswechseln am Ende des Wj.	8.1.2		+
24	Anzahlungen von Kunden am Anfang des Wj.	8.1.2		+
25				+
26	Summe			=
27	Forderungen sowie Bestand an Schecks und Forderungswechseln am Anfang des Wj.	8.1.2		
28	Anzahlungen von Kunden am Ende des Wj.	8.1.2	+	
29			+	⇨ ./.
30	Erlöse			=
31	Zeilen 31-36 absetzen, soweit in Zeile 30 noch nicht abgezogen! Preisnachlässe (Skonti, Rabatte u.ä.)	8.1.1		
32	Ausbuchungen von Forderungen des lfd. Wj.		+	
33	Unentgeltliche Wertabgaben (Sachentnahmen)	8.1.1	+	
34	Naturalleistungen an Personal	8.1.1	+	
35	Einnahmen aus in Vorjahren ausgebuchten Kundenforderungen	8.1.1	+	
36	Einnahmen aus Hilfsgeschäften und nicht branchenüblichen Leistungen	8.1.1	+	
37			+	⇨ ./.
38	Wirtschaftlicher Umsatz des Handelsbetriebs	8.1.1		=
39	Bestände an fertigen und halbfertigen Erzeugnissen aus eigener Herstellung sowie angefangenen Arbeiten zu Verkaufspreisen am Ende des Wj.	8.1.3		+
40	Summe			=
41	Bestände wie bei Zeile 39 am Anfang des Wj.	8.1.3		./.
42	Wirtschaftlicher Umsatz des Handwerksbetriebs o. des gemischten Betriebs	8.1.1		=

	Vom wirtschaftlichen Umsatz entfallen auf	Handel	Handwerk	Sonst. Leistungen
43		v.H.	v.H.	v.H.

Zeile	Wirtschaftlicher Aufwand (alle Beträge ohne abziehbare Vorsteuer) Waren-/Materialeinsatz Zeilen 44 - 52 nur bei Gewinnermittlung nach § 4 (3) EStG auszufüllen !	Nr. d. Vorbe- merk.	€ (volle Beträge)	€ (volle Beträge)
44	Zahlungen f. Waren/Material einschl. Nebenkosten, sowie für Werklieferungen/-leistungen	8.2.1		
45	Tauschgeschäfte und tauschähnliche Umsätze			+
46	Lieferantenschulden, Schuldwechsel und Schecks am Ende des Wj.	8.2.3		+
47	Anzahlungen an Lieferanten am Anfang des Wj.	8.2.3		+
48				+
49	Summe			=
50	Lieferantenschulden, Schuldwechsel und Schecks am Anfang des Wj.	8.2.2		
51	Anzahlungen an Lieferanten am Ende des Wj.	8.2.3	+	
52			+	⇨ ./.
53	Waren-/Materialeingang (zu übertragen in Zeile 54)		----------	=

Zeile		Nr. d. Vorbemerk.	€ (volle Beträge)	€ (volle Beträge)
54	Waren-/Materialeingang (Übertrag)			
55	Waren-/Materialbestand am Anfang des Wj.	8.2.2		+
56	Zusammen			=
57	Waren-/Materialbestand am Ende des Wj.	8.2.2		./.
58	Waren-/Materialeinsatz	8.2.1		=
59	**Zeilen 59-63 absetzen, soweit in Zeile 44 noch nicht abgezogen** Preisnachlässe (Skonti, Rabatte u.ä.)	8.2.1		
60	Unentgeltliche Wertabgaben (Sachentnahmen)	8.2.1	+	
61	Naturalleistungen an das Personal	8.2.1	+	
62	Waren-/Materialverbrauch für eigenbetriebliche Zwecke	8.2.1	+	
63			+ ⇨	./.
64	Waren-/Materialeinsatz	8.2.1		=

	Allgemeine sachliche Betriebsaufwendungen (ohne private Nutzungsanteile)	Nr. d. Vorbem.	€
65	Heizung, Beleuchtung, Reinigung der Geschäftsräume		
66	Hilfs- und Betriebsstoffe (Kohle, Strom, Wasser, Gas, Schmieröl, Putzmittel u.ä.)	8.2.1	+
67	Betriebs- und Geschäftseinrichtung (Instandhaltung, AfA, Pacht)	8.4.3	+
68	Beförderungsmittel (Instandhaltung, AfA, Unterhaltung, Miete)	8.4.3	+
69	Beiträge zu Versicherungen und Berufsverbänden		+
70	Arbeitgeberanteile zur Sozialversicherung	8.3.1 8.4.8	+
71	Freiwillige Sozialaufwendungen		+
72	Reisekosten, Bürobedarf, Fachzeitschriften, Werbekosten		+
73	Telefon, Porto, Frachten, Verpackung (soweit nicht bei Zeile 44 zu erfassen)		+
74	Rechts- und Beratungskosten		+
75	Zinsen für kurzfristige Betriebsschulden	8.4.4	+
76	Sonstige allgemeine sachliche Betriebsaufwendungen		+
77	Verbindlichkeiten (zu Zeilen 65-76) am Ende des Wj. (nur bei Gew.Erm. nach § 4(3) EStG)		+
78	Summe		
79	nach Durchschnittsätzen ermittelte Vorsteuer	8.4.5	./.
80	Verbindlichkeiten wie Zeile 77 am Anfang des Wj.		./.
81	Allgemeine sachliche Betriebsaufwendungen		=

	Besondere sachliche und personelle Aufwendungen Bei Gewinnermittlung nach § 4 (3) EStG s. Nr. 8.4.9 der Vorbemerkungen	Nr. d. Vorbemerk.	€ (volle Beträge)
82	Bruttolöhne und -gehälter für Verwaltung u. Vertrieb aus Zeile 18 Spalte 5	8.3.3	
83	Aufwendungen für gemietete gewerbliche Räume	8.4	+
84	Aufwendungen für eigene gewerbliche Räume einschl. AfA und Schuldzinsen	8.4	+
85	Zwischensumme		
86	Gewerbesteuer lt. besonderer Berechnung in den Zeilen 97 - 107		+
87	besondere sachliche und personelle Betriebsaufwendungen		=

	Zusammenstellung	Nr. d. Vorbe- merk.	Überneh- men aus Zeile	€ (volle Beträge)	in v.H. von Zeile 88
88	Wirtschaftlicher Umsatz		38/42		-----
89	Waren-/Materialeinsatz		58/64	./.	-----
90	Rohgewinn I		-----	=	
91	Einsatz an Fertigungslöhnen	8.3.2	18 Sp. 3	./.	-----
92	Rohgewinn II		-----	=	
93	Allgemeine sachliche Betriebsaufwendungen		81	./.	-----
94	Halbreingewinn		-----	=	
95	Besondere sachliche und personelle Betriebsaufwendungen		87	./.	-----
96	Reingewinn		-----	=	

	Berechnung des Gewerbesteueraufwands	Nr. der Vorbe- merk.	€ (volle Beträge)	€ (volle Beträge)	Messbetrag €
97	Halbreingewinn nach Zeile 94				
98	Betrag aus Zeile 85		./.		
99	Hinzurechnungsbeträge nach § 8 GewStG	8.4.4	+		
100	Kürzungsbeträge nach § 9 GewStG		./.		
101	Vorläufiger Gewerbeertrag			=	
102	Abgerundeter Gewerbeertrag				
103	Freibetrag nach § 11 Abs. 1 GewStG			./.	
104	Gewerbeertrag			=	
105	Gewerbesteuermessbetrag				=
106	Hebesatz: v.H. Gewerbesteuer				
107	5/6 des Betrags aus Zeile 106, übertragen nach Zeile 86				

Synonyme der in der Richtsatzsammlung aufgeführten Gewerbeklassen in alphabetischer Reihenfolge

Die Gewerbeklasse	finden Sie unter
Änderungsschneiderei	Schneiderei
Anstreicher	Maler
Anstrichbedarf, Eh.	Lacke
Apotheken	
Auto...	Kraftfahrzeug...
Bäckerei	
Bau- und Heimwerkerbedarf	
Baugeschäft	Bauunternehmen
Baumaler und -lackierer	Maler
Bauschreiner	Schreiner
Bausteinmetz	Steinbildhauer
Bauschlosser	Schlosserei
Bautischler	Schreiner
Bauunternehmen	
Beamer	Unterhaltungselektronik
Beerdigungsinstitut	Bestattungsunternehmen
Beherbergungsunternehmen	
Bekleidung, Eh.	Textilwaren
Bekleidungszubehör, Eh.	Textilwaren
Beleuchtung..	Elektrotechnische Erzeugnisse
Bestattungsunternehmen	
Bierwirtschaft	Gastwirtschaft
Blechner	Klempner
Blumen, Eh.	
Bräunungsstudio	Solarium
Brennstoffe, Eh.	
Brotbäckerei	Bäckerei
Buchdruckerei	Druckerei
Bücher, Eh.	
Büglerei	Wäscherei
Büroartikel, Eh.	Schreibwaren
Büromaschinen, Eh.	Computer, Software...
Busunternehmen	Fuhrgewerbe
Café	Gastwirtschaft
Campingartikel, Eh.	Sportartikel
CDs (Musik), Eh.	Unterhaltungselektronik
Chemische Reinigung	
Computer und Software, Eh.	
Dachdeckerei	
Damen- und Herrenfrisör	Frisör
Damenbekleidung, Eh.	Textilwaren
Damenfrisör	Frisör
Dekorateur	Raumausstatter
Diaprojektoren	Foto- und Kinogeräte
Diktiergeräte	Computer und Software
Drogerie	
Drucker, Eh.	Computer und Software
Druckerei	
Edelmetallwaren, Eh.	Uhren
Einrichtungsgegenstände, Eh.	Möbel

Die Gewerbeklasse	finden Sie unter
Eisdiele	
Eisenwaren, Eh.	Haushaltswaren
Elektrogeräte, Eh.	Elektrotechnische Erzeugnisse
Elektroinstallation	
Elektrotechnische Erzeugnisse, Eh.	s. auch Rundfunk
Estrichlegerei	
Fahrräder, Eh.	
Fahrschule	
Farben	Lacke
Feinbäckerei	Bäckerei
Feinkeramikwaren, Eh.	Haushaltswaren
Feinkostwaren, Eh.	Nahrungsmittel
Fernsehgeräte, Eh.	Rundfunk
Film- und Fotoscheinwerfer, Eh.	Foto- und Kinogeräte
Filmgeräte, Eh.	Foto- und Kinogeräte
Fingernagelstudio	Kosmetiksalons
Fitnesszentren	
Fische, Eh.	
Flaschnerei	Heizungsinstallation
Fleischerei	
Fliesenleger	
Flipperautomaten	Spielhallen und Betrieb von Spielautomaten
Foto- und Kinogeräte, Eh.	
Fotoapparate, Eh.	Foto- und Kinogeräte
Fotobedarf, Eh.	Foto- und Kinogeräte
Fotograf	
Frisör	
Fuhrgewerbe	
Fußbodenbelag, Eh.	Lacke
Fußpflege	Kosmetiksalons
Garten- u. Landschaftsbau	
Gasinstallation	Heizungsinstallation
Gasthof	Beherbergungsunternehmen
Gastwirtschaft	
Gebäudereinigung	Glas- und Gebäudereinigung
Geldspielautomaten	Spielhallen und Betrieb von Spielautomaten
Gemüse, Eh.	Obst
Genussmittel, Eh.	Nahrungsmittel
Geschenkartikel, Eh.	Kunstgewerbliche Erzeugnisse
Gesichtsmassage	Kosmetiksalons
Getränke, Eh.	
Gipser	Stuckateur
Glas- und Gebäudereinigung	
Glaserei	
Glaswaren, Eh.	Haushaltswaren
Goldschmiedewaren, Eh.	Uhren
Grabsteingeschäft	Steinbildhauer
Güterbeförderung mit Kraftfahrzeugen	Fuhrgewerbe
Güterfernverkehr	Fuhrgewerbe
Güternahverkehr	Fuhrgewerbe
Handarbeiten	Textilwaren
Handarbeitsbedarf, Eh.	Textilwaren
Haushaltswaren, Eh.	
Hausrat, Eh.	Haushaltswaren
Haustextilien, Eh.	Textilwaren

Die Gewerbeklasse	finden Sie unter
Heißmangel	Wäscherei
Heizöl, Eh.	Brennstoffe
Heizungsinstallation	
Herrenbekleidung, Eh.	Textilwaren
Herrenfrisör	Frisör
Hobelwerk	Sägewerk
Holzbau	Zimmerei
Holzhausrat, Eh.	Haushaltswaren
Hotel	Beherbergungsunternehmen
Hüte, Eh.	Textilwaren
Imbissbetriebe	
Installation von Gas- und Flüssigkeitsleitungen	Heizungsinstallation
Kartoffeln, Eh.	Obst
Keramik, Eh.	Haushaltswaren
Kinderbekleidung, Eh.	Textilwaren
Kinogeräte, Eh.	Foto- und Kinogeräte
Kiosk	Nahrungsmittel oder Tabakwaren
Klempnerei	Heizungsinstallation
Kohlen, Eh.	Brennstoffe
Konditorei	Bäckerei oder Café
Körperpflegemittel, Eh.	Parfümerie
Kopiergeräte, Eh.	Computer und Software
Kosmetik	Parfümerie
Kosmetiksalons	
Kraftfahrschule	Fahrschule
Kraftfahrzeughandel	
Kraftfahrzeuglackierer	
Kraftfahrzeugreparatur	
Kraftfahrzeugzubehör, Eh.	
Kraftwagenverkehr	Omnibusunternehmen oder Taxigewerbe
Küchengeräte, Eh.	Haushaltswaren
Kunstgewerbliche Erzeugnisse, Eh.	
Kunstschlosserei	Schlosserei
Kunststoffhausrat, Eh.	Haushaltswaren
Kurzwaren, Eh.	Textilwaren
Lacke, Eh.	
Lackierer	Maler
Lackierung von Straßenfahrzeugen	Kraftfahrzeuglackierer
Landschaftsgärtner, -gestaltung	Garten- u. Landschaftsbau
Lebensmittel, Eh.	Nahrungsmittel
Lederwaren, Eh.	
Leuchten, Eh.	Elektrotechnische Erzeugnisse
Maler	
Maniküre	Kosmetiksalons
Massagesalons	Kosmetiksalons
Metallwaren, Eh.	Haushaltswaren
Meterwaren, Eh.	Textilwaren
Metzgerei	Fleischerei
Mietwagen mit Fahrer	Taxigewerbe
Möbel, Eh.	
Möbelschreinerei	Schreinerei
Möbeltischlerei	Schreinerei
Mosaikleger	Fliesenleger
Musikkassetten, Eh.	Unterhaltungselektronik
Mützen, Eh.	Textilwaren

Die Gewerbeklasse	finden Sie unter
Nahrungsmittel verschiedener Art, Eh.	
Naturkost, Eh.	Reformwaren
Oberbekleidung, Eh.	Textilwaren
Obst, Eh.	
Omnibusunternehmen	Fuhrgewerbe
Optiker	
Orthopädieschuhmacher	Schuhmacher
Papierwaren, Eh.	Schreibwaren
Parfümerie	
Pediküre	Kosmetiksalons
Pension	Beherbergungsunternehmen
Personenbeförderung mit Kraftfahrzeugen	Fuhrgewerbe
Pflanzen, Eh.	Blumen
Pizzeria	Gastwirtschaft
Plattenleger	Fliesenleger
Polsterer	Raumausstatter
Polsterwaren, Eh.	Raumausstatter
Portraitfotograf	Fotograf
Porzellanwaren, Eh.	Haushaltswaren
Radiogeräte, Eh.	Unterhaltungselektronik
Raumausstatter	
Reformwaren, Eh.	
Restaurant	Gastwirtschaft
Rundfunkgeräte, Eh.	Unterhaltungselektronik
Säge- und Hobelwerk	
Säuglingsbekleidung, Eh.	Textilwaren
Scanner, Eh.	Computer und Software
Schallplatten, Eh.	Unterhaltungselektronik
Schankwirtschaft	Gastwirtschaft
Schirme, Eh.	Textilwaren
Schlachterei	Fleischerei
Schlosserei	
Schmuckwaren, Eh.	Uhren
Schneiderei	
Schneidereibedarf, Eh.	Textilwaren
Schnellimbiss	Imbissbetrieb
Schnellreinigung	Chemische Reinigung
Schreibwaren, Eh.	
Schreinerei	
Schuhe, Eh.	
Schuhmacher	
Schuhwaren, Eh.	Schuhe
Schulartikel, Eh.	Schreibwaren
Silberwaren, Eh.	Uhren
Software	Computer und Software
Solarien	
Speiseeis	Eisdiele
Speisewirtschaft	Gastwirtschaft
Spenglerei	Heizungsinstallation
Spielautomaten	Spielhallen und Betrieb von Spielautomaten
Spielhallen	Spielhallen und Betrieb von Spielautomaten
Spielwaren, Eh.	
Spirituosen, Eh.	Getränke oder Tabakwaren
Sportartikel, Eh.	
Steinbildhauer	

Die Gewerbeklasse	finden Sie unter
Steinmetz	Steinbildhauer
Strickwaren, Eh.	Textilwaren
Stuckateur	
Südfrüchte, Eh.	Obst
Tabakwaren, Eh.	
Tapeten, Eh.	Lacke
Tapezierer	Maler
Täschnerwaren, Eh.	Lederwaren
Taxigewerbe	Fuhrgewerbe
Telekommunikationsendgeräte, Eh.	
Textilwaren verschiedener Art, Eh.	
Tiere, Eh.	Zoologischer Bedarf
Tischlerei	Schreinerei
Tüncher	Maler
Uhren, Eh.	
Unterhaltungselektronik, Eh.	
Unterhaltungszeitschriften, Eh.	Tabakwaren
Verkaufsstand	Nahrungsmittel oder Tabakwaren
Verputzer	Stuckateur
Video...	Unterhaltungselektronik
Wäsche, Eh.	Textilwaren
Wäscherei	
Wasserinstallation	Heizungsinstallation
Wein, Eh.	Getränke
Weinwirtschaft	Gastwirtschaft
Weißbinder	Maler
Weißwaren, Eh.	Textilwaren
Werbefotograf	Fotograf
Wirkwaren, Eh.	Textilwaren
Wirtschaft	Gastwirtschaft
Wollwaren, Eh.	Textilwaren
Zeitschriften, Eh.	Tabakwaren
Zeitungen, Eh.	Tabakwaren
Zierfische, Eh.	Zoologischer Bedarf
Ziervögel, Eh.	Zoologischer Bedarf
Zigarren und Zigaretten, Eh.	Tabakwaren
Zimmerei	
Zoologischer Bedarf, lebende Tiere, Eh.	

Umrechnung der Rohgewinnsätze in Rohgewinnaufschlagsätze

Es entspricht		Es entspricht		Es entspricht	
ein Rohgewinnsatz in v.H. des Umsatzes von	einem Rohgewinnaufschlagsatz in v.H. des Wareneinsatzes bzw. Waren- und Materialeins. von	ein Rohgewinnsatz in v.H. des Umsatzes von	einem Rohgewinnaufschlagsatz in v.H. des Wareneinsatzes bzw. Waren- und Materialeins. von	ein Rohgewinnsatz in v.H. des Umsatzes von	einem Rohgewinnaufschlagsatz in v.H. des Wareneinsatzes bzw. Waren- und Materialeins. von
1	1,01	34	51,52	67	203,03
2	2,04	35	53,85	68	212,50
3	3,09	36	56,25	69	222,58
4	4,17	37	58,73	70	233,33
5	5,26	38	61,29	71	244,83
6	6,38	39	63,93	72	257,14
7	7,53	40	66,67	73	270,37
8	8,70	41	69,49	74	284,62
9	9,89	42	72,41	75	300,00
10	11,11	43	75,44	76	316,67
11	12,36	44	78,57	77	334,78
12	13,64	45	81,82	78	354,55
13	14,94	46	85,19	79	376,19
14	16,28	47	88,68	80	400,00
15	17,65	48	92,31	81	426,32
16	19,05	49	96,08	82	455,56
17	20,48	50	100,00	83	488,24
18	21,95	51	104,08	84	525,00
19	23,46	52	108,33	85	566,67
20	25,00	53	112,77	86	614,29
21	26,58	54	117,39	87	669,23
22	28,21	55	122,22	88	733,33
23	29,87	56	127,27	89	809,09
24	31,58	57	132,56	90	900,00
25	33,33	58	138,10	91	1.011,11
26	35,14	59	143,90	92	1.150,00
27	36,99	60	150,00	93	1.328,57
28	38,89	61	156,41	94	1.566,67
29	40,85	62	163,16	95	1.900,00
30	42,86	63	170,27	96	2.400,00
31	44,93	64	177,78	97	3.233,33
32	47,06	65	185,71	98	4.900,00
33	49,25	66	194,12	99	9.900,00

Umrechnung der Rohgewinnaufschlagsätze in Rohgewinnsätze

ein Rohgewinnauf-schlagsatz in v.H. des Wareneinsatzes bzw. Waren- und Materialeins. von	einem Rohgewinnsatz in v.H. des Umsatzes von	ein Rohgewinnauf-schlagsatz in v.H. des Wareneinsatzes bzw. Waren- und Materialeins. von	einem Rohgewinnsatz in v.H. des Umsatzes von	ein Rohgewinnauf-schlagsatz in v.H. des Wareneinsatzes bzw. Waren- und Materialeins. von	einem Rohgewinnsatz in v.H. des Umsatzes von
1	0,99	43	30,07	85	45,95
2	1,96	44	30,56	86	46,24
3	2,91	45	31,03	87	46,52
4	3,85	46	31,51	88	46,81
5	4,76	47	31,97	89	47,09
6	5,66	48	32,43	90	47,37
7	6,54	49	32,89	91	47,64
8	7,41	50	33,33	92	47,92
9	8,26	51	33,77	93	48,19
10	9,09	52	34,21	94	48,45
11	9,91	53	34,64	95	48,72
12	10,71	54	35,06	96	48,98
13	11,50	55	35,48	97	49,24
14	12,28	56	35,90	98	49,49
15	13,04	57	36,31	99	49,75
16	13,79	58	36,71	100	50,00
17	14,53	59	37,11	110	52,38
18	15,25	60	37,50	120	54,55
19	15,97	61	37,89	130	56,52
20	16,67	62	38,27	140	58,33
21	17,36	63	38,65	150	60,00
22	18,03	64	39,02	160	61,54
23	18,70	65	39,39	170	62,96
24	19,35	66	39,76	180	64,29
25	20,00	67	40,12	190	65,52
26	20,63	68	40,48	200	66,67
27	21,26	69	40,83	250	71,43
28	21,88	70	41,18	300	75,00
29	22,48	71	41,52	350	77,78
30	23,08	72	41,86	400	80,00
31	23,66	73	42,20	450	81,82
32	24,24	74	42,53	500	83,33
33	24,81	75	42,86	550	84,62
34	25,37	76	43,18	600	85,71
35	25,93	77	43,50	650	86,67
36	26,47	78	43,82	700	87,50
37	27,01	79	44,13	750	88,24
38	27,54	80	44,44	800	88,89
39	28,06	81	44,75	850	89,47
40	28,57	82	45,05	900	90,00
41	29,08	83	45,36	950	90,48
42	29,58	84	45,65	1000	90,91

Bezeichnung der Gewerbeklassen in alphabetischer Reihenfolge	Nr. der Klassifikation der Wirtschaftszweige	Rohgewinnaufschlag auf den Wareneinsatz bzw. Waren- und Materialeinsatz (Umrechn. Rohgew. I der Sp. 4	Rohgewinn I	Rohgewinn II	Halbreingewinn	Reingewinn	Bemerkungen
			(vgl. Nr. 5 der Vorbemerkungen)				
			in v. H. des wirtsch. Umsatzes				
1	2	3	4	5	6	7	8
Apotheken	52310.0	33 - 45 **39**	25 - 31 **28**		16 - 25 **20**	5 - 13 **9**	
Bäckerei, Konditorei Brot- und Feinbäckerei Wirtsch. Umsatz A bis 250.000 € B über 250.000 €	15810.0 52241.0		163 - 376 **245** 163 - 376 **245**	62 - 79 **71** 62 - 79 **71**	32 - 62 **48** 32 - 62 **48**	8 - 34 **20** 3 - 20 **11**	Bei Bäckereien ohne Kaffeedepot oder bei erheblicher Speiseeisherstellung obere Rahmenhälfte
Bau- und Heimwerkerbedarf Wirtsch. Umsatz A bis 600.000 € B über 600.000 €	52463.0		35 - 117 **67** 25 - 100 **49**	26 - 54 **40** 20 - 50 **33**	11 - 37 **24** 10 - 29 **21**	3 - 21 **11** 2 - 10 **6**	
Bauunternehmen (mit Materiallieferung) Wirtsch. Umsatz: A bis 200.000 € B über 200.000 € bis 500.000 € C über 500.000 €	45210.0		**78** **71** **64**	36 - 78 **54** 32 - 59 **43** 24 - 50 **36**	11 - 47 **28** 7 - 30 **17** 6 - 21 **13**	8 - 40 **23** 3 - 22 **13** 2 - 14 **8**	
Beherbergungsgewerbe Hotels, Gasthöfe und Pensionen mit Halb- und Vollpension Wirtsch. Umsatz A bis 500.000 € B über 500.000 €	55101.0 55103.0 55104.0		213-1011 **376** 213-1011 **376**	68 - 91 **79** 68 - 91 **79**	32 - 63 **48** 32 - 63 **48**	6 - 29 **18** 3 - 18 **9**	

Bezeichnung der Gewerbeklassen in alphabetischer Reihenfolge	Nr. der Klassifi-Kation der Wirt-Schafts-zweige	Roh-gewinn-aufschlag auf den Waren-einsatz bzw. Waren- und Material-einsatz (Umrechn. Rohgew. I der Sp. 4	Roh-gewinn I	Roh-gewinn II	Halbrein-gewinn	Rein-gewinn	Bemerkungen
			(vgl. Nr. 5 der Vorbemerkungen)		in v. H. des wirtsch. Umsatzes		
1	2	3	4	5	6	7	8
Hotels garnis, Gasthöfe und Pensionen mit Frühstück Wirtsch. Umsatz: A bis 200.000 € B über 200.000 €	55102.0				39 - 72 56 39 - 72 56	9 - 40 23 7 - 25 15	
Bestattungswesen	93031.0	203 - 733 376	67 - 88 79		37 - 64 51	13 - 45 28	Vermittlungs-provisionen sind einbezogen
Blumen und Pflanzen, Eh. (ohne Gärtnerei)	52491.0	59 - 150 96	37 - 60 49		20 - 47 33	6 - 28 15	
Brennstoffe, Eh. Wirtsch. Umsatz A bis 1.000.000 € B über 1.000.000 €	52631.0	8 - 61 28 5 - 16 11	7 - 38 22 5 - 14 10		3 - 26 12 3 - 8 5	2 - 15 7 1 - 4 3	Ohne oder bei geringem Heizölanteil obere Rahmenhälfte
Bücher, Eh. (auch in Verbindung mit Schreibwaren)	52472.0	33 - 59 45	25 - 37 31		15 - 28 22	2 - 15 8	
Chemische Reinigung (ohne Annahmestellen) Wirtsch. Umsatz: A bis 200.000 € B über 200.000 €	93013.0				26 - 70 50 26 - 70 50	7 - 37 21 5 - 27 15	

Bezeichnung der Gewerbeklassen in alphabetischer Reihenfolge	Nr. der Klassifikation der Wirtschaftszweige	Rohgewinnaufschlag auf den Wareneinsatz bzw. Waren- und Materialeinsatz (Umrechn. Rohgew. I der Sp. 4	Rohgewinn I	Rohgewinn II	Halbreingewinn	Reingewinn	Bemerkungen
			(vgl. Nr. 5 der Vorbemerkungen)				
			in v. H. des wirtsch. Umsatzes				
1	2	3	4	5	6	7	8
Computer, Software und Büromaschinen, Eh. Wirtsch. Umsatz: A bis 250.000 € B über 250.000 €	52495.0	25 - 194 **69** 18 - 104 **47**	20 - 66 **41** 15 - 51 **32**		8 - 43 **24** 7 - 36 **20**	4 - 33 **18** 2 - 19 **9**	
Dachdeckerei Wirtsch. Umsatz: A bis 300.000 € B über 300.000 €	45221.0		**64** **61**	32 - 64 **48** 29 - 50 **38**	11 - 41 **25** 9 - 31 **19**	5 - 35 **19** 4 - 24 **14**	
Drogerien	52332.0	39 - 85 **61**	28 - 46 **38**		15 - 33 **25**	3 - 19 **11**	
Druckereien Wirtsch. Umsatz: A bis 200.000 € B über 200.000 € bis 400.000 € C über 400.000 €	22220.0		**75** **74** **71**	49 - 81 **65** 41 - 69 **54** 37 - 62 **49**	19 - 53 **35** 12 - 40 **25** 12 - 33 **22**	9 - 39 **24** 4 - 26 **14** 3 - 22 **11**	
Eisdielen	55304.0	223 - 525 **335**	69 - 84 **77**		39 - 66 **53**	8 - 41 **24**	
Elektroinstallation (auch mit Einzelhandel) Wirtsch. Umsatz: A bis 200.000 € B über 200.000 € bis 400.000 € C über 400.000 €	45310.0		**68** **63** **59**	40 - 71 **55** 32 - 58 **45** 25 - 47 **36**	14 - 51 **32** 14 - 34 **24** 11 - 28 **19**	11 - 47 **27** 9 - 30 **18** 5 - 22 **13**	

Bezeichnung der Gewerbeklassen in alphabetischer Reihenfolge	Nr. der Klassifikation der Wirtschaftszweige	Rohgewinnaufschlag auf den Wareneinsatz bzw. Waren- und Materialeinsatz (Umrechn. Rohgew. I der Sp. 4	Rohgewinn I	Rohgewinn II	Halbreingewinn	Reingewinn	Bemerkungen
			\(vgl. Nr. 5 der Vorbemerkungen\)				
			in v. H. des wirtsch. Umsatzes				
1	2	3	4	5	6	7	8
Elektrotechnische Erzeugnisse und Leuchten, Eh. (auch mit Reparatur- und Installationsarbeiten) Wirtsch. Umsatz A bis 300.000 € B über 300.000 €	52451.0 52442.0		45 - 233 **92** 33 - 133 **64**	31 - 70 **48** 25 - 57 **39**		15 - 45 **30** 15 - 36 **24**	6 - 37 **19** 3 - 17 **9**	
Estrichlegerei (mit Materiallieferung) Wirtsch. Umsatz: A bis 300.000 € B über 300.000 €	45433.0			68 61	32 - 71 **50** 27 - 50 **39**	11 - 46 **26** 8 - 22 **16**	7 - 37 **22** 3 - 17 **10**	
Fahrräder, Eh. mit Reparaturen (auch Einzelhandel mit Ersatzteilen und Zubehör)	52497.0	39 - 92 **61**	28 - 48 **38**		14 - 37 **25**	4 - 22 **12**		
Fahrschulen Wirtsch. Umsatz: A bis 180.000 € B über 180.000 €	80411.0					36 - 66 **52** 36 - 66 **52**	18 - 52 **35** 11 - 45 **26**	
Fische, Fischerzeugnisse, Eh.	52230.0	45 - 117 **75**	31 - 54 **43**		13 - 39 **25**	4 - 19 **12**		
Fitnesszentren Wirtsch. Umsatz:	93042.0				35 - 75 **55**	3 - 32 **16**		
Fleischerei, Metzgerei, Schlachterei (auch mit Fleisch- und Handelswarenzukauf)	15130.0 52220.0	85 - 163 **117**	46 - 62 **54**		23 - 44 **34**	3 - 20 **10**		

Bezeichnung der Gewerbeklassen in alphabetischer Reihenfolge	Nr. der Klassifikation der Wirtschaftszweige	Rohgewinnaufschlag auf den Wareneinsatz bzw. Waren- und Materialeinsatz (Umrechn. Rohgew. I der Sp. 4	Rohgewinn I	Rohgewinn II	Halbreingewinn	Reingewinn	Bemerkungen
			(vgl. Nr. 5 der Vorbemerkungen)				
			in v. H. des wirtsch. Umsatzes				
1	2	3	4	5	6	7	8
Fliesen-, Platten- und Mosaiklegerei (mit Materiallieferung) Wirtsch. Umsatz:	45432.0						
A bis 100.000 €			73	52 - 86 **69**	22 - 62 **43**	14 - 58 **38**	
B über 100.000 € bis 200.000 €			70	41 - 72 **56**	16 - 47 **32**	10 - 42 **26**	
C über 200.000 € bis 500.000 €			69	32 - 58 **44**	10 - 35 **22**	4 - 28 **16**	
D über 500.000 €			66	28 - 48 **38**	9 - 25 **17**	4 - 19 **11**	
Fotografisches Gewerbe **Foto- und Kinogeräte, Eh.** Wirtsch. Umsatz:	52494.0						
A bis 200.000 €			69 - 257 **122**	41 - 72 **55**	18 - 46 **33**	5 - 28 **15**	
B über 200.000 €			41 - 163 **75**	29 - 62 **43**	17 - 39 **27**	3 - 15 **8**	
Portrait- und Werbefotografen	74811.0				24 - 64 **44**	6 - 50 **28**	
Frisörgewerbe (auch mit Einzelhandel) Wirtsch. Umsatz	93025.0						
A bis 150.000 €			90	48 - 81 **63**	21 - 56 **39**	14 - 48 **28**	
B über 150.000 €			88	40 - 60 **51**	18 - 37 **27**	8 - 27 **18**	
Fuhrgewerbe (Straßenverkehr) **Güterbeförderung mit Kraftfahrzeugen** Wirtsch. Umsatz:	60240.0						
A bis 200.000 €					25 - 61 **45**	14 - 51 **35**	
B über 200.000 € bis 500.000 €					15 - 63 **35**	8 - 32 **18**	
C über 500.000 €					10 - 45 **27**	3 - 18 **10**	

Bezeichnung der Gewerbeklassen in alphabetischer Reihenfolge	Nr. der Klassifikation der Wirtschaftszweige	Rohgewinnaufschlag auf den Wareneinsatz bzw. Waren- und Materialeinsatz (Umrechn. Rohgew. I der Sp. 4	Rohgewinn I	Rohgewinn II	Halbreingewinn	Rein-Gewinn	Bemerkungen
			(vgl. Nr. 5 der Vorbemerkungen)				
			in v. H. des wirtsch. Umsatzes				
1	2	3	4	5	6	7	8
Personenbeförderung mit Personenkraftfahrzeugen							
Taxigewerbe und Mietwagen mit Fahrer		60220.0					
Wirtsch. Umsatz:							
A bis 75.000 €					25 - 61 44	25 - 59 41	
B über 75.000 € bis 200.000 €					25 - 61 44	12 - 41 27	
C über 200.000 €					25 - 61 44	7 - 29 16	
Busunternehmen		60211.0					
Wirtsch. Umsatz:		60212.0					
A bis 400.000 €		60230.0			17 - 57 36	7 - 28 17	
B über 400.000 €					14 - 52 32	3 - 15 10	
Garten- und Landschaftsbau		01412.0					
Wirtsch. Umsatz:							
A bis 250.000 €			79	42 - 80 61	14 - 50 32	8 - 44 27	
B über 250.000 € bis 500.000 €			75	35 - 60 47	11 - 32 21	5 - 25 15	
C über 500.000 €			71	32 - 55 43	7 - 27 17	2 - 22 11	
Gast- und Speisewirtschaften							
Gast-, Speise- und Schankwirtschaften		55301.0 55401.0					
Wirtsch. Umsatz:							
A bis 250.000 €			170 - 335 233	63 - 77 70	28 - 60 44	7 - 36 21	
B über 250.000 €			170 - 335 233	63 - 77 70	28 - 60 44	6 - 25 15	
Pizzerien		55301.0					Überwiegend Pizzagerichte und Teigwaren im Warenangebot
Wirtsch. Umsatz:							
A bis 150.000 €			203 - 400 285	67 - 80 74	33- 65 49	10 – 43 25	
B über 150.000 €			203 - 400 285	67 - 80 74	33 - 65 49	9 - 30 20	

Bezeichnung der Gewerbeklassen in alphabetischer Reihenfolge	Nr. der Klassifikation der Wirtschaftszweige	Rohgewinnaufschlag auf den Wareneinsatz bzw. Waren- und Materialeinsatz (Umrechn. Rohgew. I der Sp. 4	Rohgewinn I	Rohgewinn II	Halbreingewinn	Reingewinn	Bemerkungen
			(vgl. Nr. 5 der Vorbemerkungen)				
			in v. H. des wirtsch. Umsatzes				
1	2	3	4	5	6	7	8
Cafés	55303.0	186 - 400 **257**	65 - 80 **72**		35 - 59 **47**	7 - 28 **17**	
Getränke, Eh. (auch Wein und Spirituosen)	52250.0	19 - 54 **35**	16 - 35 **26**		9 - 24 **16**	3 - 15 **9**	
Glasergewerbe Wirtsch. Umsatz: A bis 150.000 € B über 150.000 € bis 300.000 € C über 300.000 €	45442.0		**67** **65** **61**	43 - 77 **59** 36 - 65 **50** 29 - 52 **40**	17 - 55 **35** 16 - 38 **27** 14 - 32 **22**	9 - 39 **26** 7 - 30 **17** 4 - 21 **11**	

Glas- und Gebäudereinigung
 Wirtsch. Umsatz:
 A bis 100.000 €
 	
 B über 100.000 €
    bis 200.000 €
 C über 200.000 €
    bis 400.000 €
 D über 400.000 €
	74701.0			60 - 100
				 84
				
				 50 - 81
				 66
				 42 - 67
				 55
				 31 - 56
				 44
					30 - 74
					 53
					
					 20 - 60
					 38
					 17 - 45
					 28
					 10 - 31
					 20
						25 - 70
						 46
						
						 16 - 54
						 31
						 9 - 33
						 20
						 3 - 21
						 12	

Haushaltswaren aus Metall- und Kunststoff, Keramische Erzeugnisse Glaswaren, Eisen- und Metallwaren, Eh.	52443.0 52444.0 52461.0	47 - 113 **72**	32 - 53 **42**		17 - 39 **28**	3 - 22 **12**	
Heizungs-, Gas- und Wasserinstallation, Klempnerei (Flaschnerei, Spenglerei) Wirtsch. Umsatz: A bis 200.000 € B über 200.000 € bis 600.000 € C über 600.000 €	45330.0		**57** **56** **54**	34 - 62 **48** 28 - 51 **39** 25 - 43 **33**	13 - 41 **26** 11 - 30 **20** 10 - 28 **17**	10 - 36 **21** 6 - 24 **14** 3 - 19 **10**	

Bezeichnung der Gewerbeklassen in alphabetischer Reihenfolge	Nr. der Klassifikation der Wirtschaftszweige	Rohgewinnaufschlag auf den Wareneinsatz bzw. Waren- und Materialeinsatz (Umrechn. Rohgew. I der Sp. 4	Rohgewinn I	Rohgewinn II	Halbreingewinn	Rein-Gewinn	Bemerkungen
			(vgl. Nr. 5 der Vorbemerkungen)				
			in v. H. des wirtsch. Umsatzes				
1	2	3	4	5	6	7	8
Imbissbetriebe	55305.0	117 - 317 186	54 - 76 65		27 - 57 42	8 - 36 23	
Kfz-Einzelhandel Wirtsch. Umsatz: A bis 500.000 € B über 500.000 €	50103.0		15 - 79 35 9 - 41 20	13 - 44 26 8 - 29 17	5 - 29 16 4 - 18 10	3 - 20 10 1 - 8 4	
Kfz-Lackiererei Wirtsch. Umsatz: A bis 200.000 € B über 200.000 € bis 400.000 € C über 400.000 €	50203.0			78 78 78	48 - 78 63 43 - 66 53 39 - 59 49	22 - 57 37 16 - 46 30 14 - 37 26	9 - 36 23 5 - 28 16 5 - 22 12	
Kfz-Reparatur (ohne Tankstelle, Garagenvermietung und Fahrschule) Wirtsch. Umsatz: A bis 150.000 € B über 150.000 € bis 300.000 € C über 300.000 €	50205.0			62 58 54	46 - 68 57 35 - 56 46 28 - 50 39	19 - 50 35 15 - 38 27 12 - 32 22	11 - 41 25 8 - 27 18 5 - 22 13	
Kfz-Zubehörhandel Einzelhandel mit Kraftwagenteilen und -zubehör Wirtsch. Umsatz: A bis 250.000 € B über 250.000 €	50303.0		35 - 113 61 32 - 85 49	26 - 53 38 24 - 46 33	13 - 33 24 12 - 29 21	4 - 26 15 3 - 18 9	
Kioske und Verkaufsstände	55407.0 52260.0 52473.0 52110.0	Je nach überwiegendem Warensortiment: - **Nahrungs- und Genussmittel, Eh.** - **Tabakwaren und Zeitschriften, Eh.**					

Bezeichnung der Gewerbeklassen in alphabetischer Reihenfolge	Nr. der Klassifikation der Wirtschaftszweige	Rohgewinnaufschlag auf den Wareneinsatz bzw. Waren- und Materialeinsatz (Umrechn. Rohgew. I der Sp. 4	Rohgewinn I	Rohgewinn II	Halbreingewinn	Reingewinn	Bemerkungen
			(vgl. Nr. 5 der Vorbemerkungen)				
			in v. H. des wirtsch. Umsatzes				
1	2	3	4	5	6	7	8
Kosmetiksalons Wirtsch. Umsatz: A bis 75.000 € B über 75.000 €	93024.0	163-1011 300 163-1011 300	62 - 91 75 62 - 91 75		36 - 72 52 29 - 62 44	18 - 55 35 9 - 39 23	
Kunstgewerbliche Erzeugnisse, Geschenkartikel, Eh.	52482.0	54 - 178 92	35 - 64 48		16 - 45 31	5 - 27 15	
Lacke, Farben und sonstiger Anstrichbedarf sowie Tapeten, Fußbodenbelag, Eh. Wirtsch. Umsatz: A bis 250.000 € B über 250.000 €	52462.0 52481.0		47 - 150 85 47 - 150 85	32 - 60 46 32 - 60 46	16 - 43 29 16 - 43 29	5 - 28 16 4 - 19 10	
Leder- und Täschnerwaren, Eh.	52432.0	61 - 117 89	38 - 54 47		21 - 42 32	5 - 24 14	
Maler- und Lackierergewerbe, Tapezierer Wirtsch. Umsatz: A bis 100.000 € B über 100.000 € bis 200.000 € C über 200.000 € bis 500.000 € D über 500.000 €	45441.0 45435.0			83 81 80 77	53 - 89 73 40 - 72 56 35 - 62 48 31 - 52 41	26 - 64 47 15 - 48 32 13 - 37 24 10 - 33 19	21 - 61 41 10 - 40 25 8 - 30 18 5 - 25 12	
Möbel und sonstige Einrichtungsgegenstände, Eh.	52441.0	49 - 138 72	33 - 58 42		16 - 36 26	2 - 22 9	

Bezeichnung der Gewerbeklassen in alphabetischer Reihenfolge	Nr. der Klassifikation der Wirtschaftszweige	Rohgewinnaufschlag auf den Wareneinsatz bzw. Waren- und Materialeinsatz (Umrechn. Rohgew. I der Sp. 4	Rohgewinn I	Rohgewinn II	Halbreingewinn	Rein-Gewinn	Bemerkungen
			(vgl. Nr. 5 der Vorbemerkungen)				
			in v. H. des wirtsch. Umsatzes				
1	2	3	4	5	6	7	8
Nahrungs- und Genussmittel versch. Art, Eh. Wirtsch. Umsatz: A bis 400.000 € B über 400.000 €	52110.0 52275.0		20 - 82 **39** 23 - 39 **30**	17 - 45 **28** 19 - 28 **23**	9 - 32 **18** 12 - 21 **16**	4 - 16 **9** 2 - 8 **4**	
Obst, Gemüse, Südfrüchte und Kartoffeln, Eh. Wirtsch. Umsatz: A bis 200.000 € B über 200.000 €	52210.0		41 - 92 **61** 30 - 64 **45**	29 - 48 **38** 23 - 39 **31**	14 - 36 **24** 10 - 27 **20**	5 - 23 **15** 3 - 18 **10**	
Optiker	52493.0		144 - 270 **194**	59 - 73 **66**	31 - 55 **44**	8 - 34 **20**	
Parfümerien Eh. mit kosmetischen Erzeugnissen, Körperpflegemitteln Wirtsch. Umsatz: A bis 300.000 € B über 300.000 €	52331.0		56 - 156 **89** 56 - 156 **89**	36 - 61 **47** 36 - 61 **47**	21 - 41 **31** 21 - 41 **31**	4 - 28 **15** 2 - 17 **8**	
Raumausstatter (Dekorateure und Polsterer) Wirtsch. Umsatz: A bis 150.000 € B über 150.000 €	45436.0 52447.0		63 57	45 - 71 **57** 33 - 56 **44**	21 - 45 **34** 13 - 37 **24**	7 - 39 **24** 4 - 23 **13**	
Reformwaren (Naturkost) Eh.	52271.0		37 - 61 **49**	27 - 38 **33**	14 - 27 **22**	3 - 16 **9**	
Säge- und Hobelwerke Wirtsch. Umsatz: A bis 500.000 € B über 500.000 €	20100.0		62 50	29 - 69 **48** 25 - 45 **33**	8 - 37 **20** 6 - 21 **13**	4 - 30 **13** 2 - 13 **7**	

Bezeichnung der Gewerbeklassen in alphabetischer Reihenfolge	Nr. der Klassifi- kation der Wirt- schafts- zweige	Roh- gewinn- aufschlag auf den Waren- einsatz bzw. Waren- und Material- einsatz (Umrechn. Rohgew. I der Sp. 4	Roh- gewinn I	Roh- gewinn II	Halbrein- gewinn	Rein- Gewinn	Bemerkungen
			(vgl. Nr. 5 der Vorbemerkungen)				
			in v. H. des wirtsch. Umsatzes				
1	2	3	4	5	6	7	8
Schlosserei (einschl. Bauschlosserei) Wirtsch. Umsatz: A bis 150.000 €	28521.0 45420.0		75	51 - 87 **66**	19 - 55 **37**	10 - 46 **28**	
B über 150.000 € bis 300.000 €			71	36 - 66 **52**	15 - 42 **28**	8 - 33 **19**	
C über 300.000 € bis 500.000 €			68	33 - 58 **44**	13 - 38 **24**	7 - 25 **16**	
D über 500.000 €			66	27 - 53 **40**	10 - 29 **19**	3 - 22 **12**	
Schneiderei (Änderungsschneiderei)	18220.0			56 - 98 **80**	32 - 80 **59**	16 - 64 **42**	
Schreib- und Papierwaren, Schul- und Büroartikel, Eh.	52471.0	32 - 89 **56**	24 - 47 **36**		14 - 35 **24**	3 - 19 **10**	
Schreinerei, Tischlerei (Bau- und Möbeltischlerei) Wirtsch. Umsatz: A bis 150.000 €	20300.0 36140.0 45420.0		66	37 - 79 **55**	11 - 47 **28**	7 - 39 **21**	
B über 150.000 € bis 300.000 €			63	33 - 55 **44**	14 - 33 **23**	6 - 26 **16**	
C über 300.000 €			59	25 - 47 **36**	9 - 28 **18**	3 - 18 **10**	
Schuhe und Schuhwaren, Eh. (auch mit Reparaturen)	52431.0	52 - 104 **75**	34 - 51 **43**		20 - 38 **29**	3 - 22 **11**	
Schuhmacherei (auch orthopädische) Wirtsch. Umsatz: A bis 80.000 €	52710.0		82	69 - 89 **79**	46 - 72 **59**	24 - 60 **44**	
B über 80.000 €			79	50 - 79 **65**	30 - 63 **45**	13 - 49 **31**	
Solarien	93042.0				31 - 70 **49**	4 - 31 **17**	

Bezeichnung der Gewerbeklassen in alphabetischer Reihenfolge	Nr. der Klassifi-kation der Wirtschafts-zweige	Roh-gewinn-aufschlag auf den Waren-einsatz bzw. Waren- und Material-einsatz (Umrechn. Rohgew. I der Sp. 4	Roh-gewinn I	Roh-gewinn II	Halbrein-gewinn	Rein-Gewinn	Bemerkungen
			(vgl. Nr. 5 der Vorbemerkungen)				
			in v. H. des wirtsch. Umsatzes				
1	2	3	4	5	6	7	8
Spielhallen und Betrieb von Spielautomaten Wirtsch. Umsatz: A bis 250.000 €	92711.0				17 - 63 **39**	6- 36 **20**	
B über 250.000 €					25 - 64 **47**	6 - 27 **15**	
Spielwaren, Eh.	52486.0	37 - 85 **56**	27 - 46 **36**		14 - 34 **24**	3 - 18 **10**	
Sport- und Camping-artikel, Eh. Wirtsch. Umsatz: A bis 400.000 €	52498.0	43 - 82 **61**	30 - 45 **38**		15 - 30 **23**	3 - 23 **12**	
B über 400.000 €		43 - 82 **61**	30 - 45 **38**		15 - 30 **23**	2 - 13 **7**	
Steinbildhauerei und Steinmetzerei Wirtsch. Umsatz: A bis 200.000 €	26701.0		**69**	45 - 70 **59**	19 - 48 **34**	13 - 40 **26**	
B über 200.000 €			**69**	39 - 64 **50**	17 – 42 **28**	7 - 30 **18**	
Stuckateurgewerbe, Gipserei und Verputzerei Wirtsch. Umsatz: A bis 100.000 €	45410.0		**86**	62 - 96 **80**	23 - 66 **46**	21 - 61 **41**	
B über 100.000 € bis 250.000 €			**76**	40 - 68 **53**	10 - 48 **28**	7 - 40 **21**	
C über 250.000 €			**74**	33 - 58 **45**	11 - 31 **20**	4 - 25 **14**	
Tabakwaren und Zeit-schriften, Eh.	52260.0 52473.0	14 - 35 **23**	12 - 26 **19**		7 - 18 **13**	2 - 10 **6**	Hinweis auf Tz. 8.1.1 und Tz. 8.4.2 der Vor-bemerkungen

Bezeichnung der Gewerbeklassen in alphabetischer Reihenfolge	Nr. der Klassifikation der Wirtschaftszweige	Rohgewinnaufschlag auf den Wareneinsatz bzw. Waren- und Materialeinsatz (Umrechn. Rohgew. I der Sp. 4	Rohgewinn I	Rohgewinn II	Halbreingewinn	Reingewinn	Bemerkungen
			(vgl. Nr. 5 der Vorbemerkungen)				
			in v. H. des wirtsch. Umsatzes				
1	2	3	4	5	6	7	8
Telekommunikationsendgeräte und Mobiltelefone, Eh. Wirtsch. Umsatz: A bis 300.000 €	52496.0		33 - 400 **92**	25 - 80 **48**	11 - 53 **26**	2 - 32 **15**	
B über 300.000 €			25 - 257 **69**	20 - 72 **41**	11 - 52 **28**	2 - 18 **10**	
Textilwaren verschiedener Art und Oberbekleidung, Eh.	52412.0 52421.0 52422.0 52423.0 52424.0		52 - 113 **79**	34 - 53 **44**	20 - 40 **30**	4 - 22 **13**	
Uhren, Edelmetall- und Schmuckwaren, Eh. (auch mit Reparaturen)	52485.0		75 - 170 **108**	43 - 63 **52**	23 - 46 **35**	4 - 27 **15**	
Unterhaltungselektronik, Eh. (auch mit Reparaturen und Eh. mit sonstigen elektrotechnischen Erzeugnissen in geringem Umfang) Wirtsch. Umsatz:	52452.0		35 - 108 **61**	26 - 52 **38**	15 - 34 **24**	4 - 21 **11**	
Wäscherei, Heißmangelei Wirtsch. Umsatz: A bis 150.000 €	93011.0 93015.0				32 - 68 **52**	8 - 43 **25**	Waschmittel sind Betriebsstoffe (nicht Material); Löhne sind nicht als Fertigungslöhne zu behandeln
B über 150.000 €					32 - 68 **52**	5 - 32 **16**	
Zimmerei (mit Materiallieferung) Wirtsch. Umsatz: A bis 200.000 €	45223.0		**64**	35 - 72 **51**	14 - 42 **27**	7 - 35 **22**	
B über 200.000 €			**60**	27 - 48 **37**	8 - 26 **16**	4 - 19 **11**	

Bezeichnung der Gewerbeklassen in alphabetischer Reihenfolge	Nr. der Klassifikation der Wirtschaftszweige	Rohgewinnaufschlag auf den Wareneinsatz bzw. Waren- und Materialeinsatz (Umrechn. Rohgew. I der Sp. 4	Rohgewinn I	Rohgewinn II	Halbreingewinn	ReinGewinn	Bemerkungen
			\multicolumn{4}{c	}{(vgl. Nr. 5 der Vorbemerkungen)}	
			\multicolumn{4}{c	}{in v. H. des wirtsch. Umsatzes}	
1	2	3	4	5	1	2	3
Zoologischer Bedarf, lebende Tiere, Eh.	52492.0	43 - 113 **69**	30 - 53 **41**		15 - 38 **26**	3 - 20 **10**	Zu Spalte 4: Bei überwiegendem Handel mit lebenden Tieren obere Rahmenhälfte

Pauschbeträge für unentgeltliche Wertabgaben (Sachentnahmen) für das Kalenderjahr 2007

Vorbemerkungen

1. Die Pauschbeträge für unentgeltliche Wertabgaben werden durch die zuständigen Finanzbehörden festgesetzt.
2. Sie beruhen auf Erfahrungswerten und bieten dem Steuerpflichtigen die Möglichkeit, die Warenentnahmen monatlich pauschal zu verbuchen. Sie entbinden ihn damit von der Aufzeichnung einer Vielzahl von Einzelentnahmen.
3. Diese Regelung dient der Vereinfachung und lässt keine Zu- und Abschläge wegen individueller persönlicher Ess- oder Trinkgewohnheiten zu. Auch Krankheit oder Urlaub rechtfertigen keine Änderungen der Pauschbeträge.
4. Die Pauschbeträge sind Jahreswerte für eine Person. Für Kinder bis zum vollendeten 2. Lebensjahr entfällt der Ansatz eines Pauschbetrages. Bis zum vollendeten 12. Lebensjahr ist die Hälfte des jeweiligen Wertes anzusetzen. Tabakwaren sind in den Pauschbeträgen nicht enthalten. Soweit diese entnommen werden, sind die Pauschbeträge entsprechend zu erhöhen (Schätzung).
5. Die pauschalen Werte berücksichtigen im jeweiligen Gewerbezweig das allgemein übliche Warensortiment.
6. Bei gemischten Betrieben (Metzgerei oder Bäckerei mit Lebensmittelangebot oder Gastwirtschaft) ist nur der jeweils höhere Pauschbetrag der entsprechenden Gewerbeklasse anzusetzen.

Gewerbezweig	Jahreswert für eine Person ohne Umsatzsteuer		
	ermäßigter Steuersatz €	voller Steuersatz €	insgesamt €
Bäckerei	776	394	1.170
Fleischerei	616	923	1.539
Gast- und Speisewirtschaften			
a) mit Abgabe von kalten Speisen	739	1.108	1.847
b) mit Abgabe von kalten und warmen Speisen	1.022	1.822	2.844
Getränkeeinzelhandel	0	332	332
Café und Konditorei	788	677	1.465
Milch, Milcherzeugnisse, Fettwaren und Eier (Eh.)	468	62	530
Nahrungs- und Genussmittel (Eh.)	1.071	517	1.588
Obst, Gemüse, Südfrüchte und Kartoffeln (Eh.)	246	185	431

Pauschbeträge für unentgeltliche Wertabgaben (Sachentnahmen) für das Kalenderjahr 2008

Vorbemerkungen

1. Die Pauschbeträge für unentgeltliche Wertabgaben werden durch die zuständigen Finanzbehörden festgesetzt.
2. Sie beruhen auf Erfahrungswerten und bieten dem Steuerpflichtigen die Möglichkeit, die Warenentnahmen monatlich pauschal zu verbuchen. Sie entbinden ihn damit von der Aufzeichnung einer Vielzahl von Einzelentnahmen.
3. Diese Regelung dient der Vereinfachung und lässt keine Zu- und Abschläge wegen individueller persönlicher Ess- oder Trinkgewohnheiten zu. Auch Krankheit oder Urlaub rechtfertigen keine Änderungen der Pauschbeträge.
4. Die Pauschbeträge sind Jahreswerte für eine Person. Für Kinder bis zum vollendeten 2. Lebensjahr entfällt der Ansatz eines Pauschbetrages. Bis zum vollendeten 12. Lebensjahr ist die Hälfte des jeweiligen Wertes anzusetzen. Tabakwaren sind in den Pauschbeträgen nicht enthalten. Soweit diese entnommen werden, sind die Pauschbeträge entsprechend zu erhöhen (Schätzung).
5. Die pauschalen Werte berücksichtigen im jeweiligen Gewerbezweig das allgemein übliche Warensortiment.
6. Bei gemischten Betrieben (Metzgerei oder Bäckerei mit Lebensmittelangebot oder Gastwirtschaft) ist nur der jeweils höhere Pauschbetrag der entsprechenden Gewerbeklasse anzusetzen.

Gewerbezweig	Jahreswert für eine Person ohne Umsatzsteuer		
	ermäßigter Steuersatz	voller Steuersatz	insgesamt
	€	€	€
Bäckerei	790	401	1.191
Fleischerei	627	940	1.567
Gast- und Speisewirtschaften			
a) mit Abgabe von kalten Speisen	752	1.128	1.880
b) mit Abgabe von kalten und warmen Speisen	1.040	1.855	2.895
Getränkeeinzelhandel	0	339	339
Café und Konditorei	802	690	1.492
Milch, Milcherzeugnisse, Fettwaren und Eier (Eh.)	477	63	540
Nahrungs- und Genussmittel (Eh.)	1.090	527	1.617
Obst, Gemüse, Südfrüchte und Kartoffeln (Eh.)	251	188	439